Es steht ein Pferd auf dem Flur

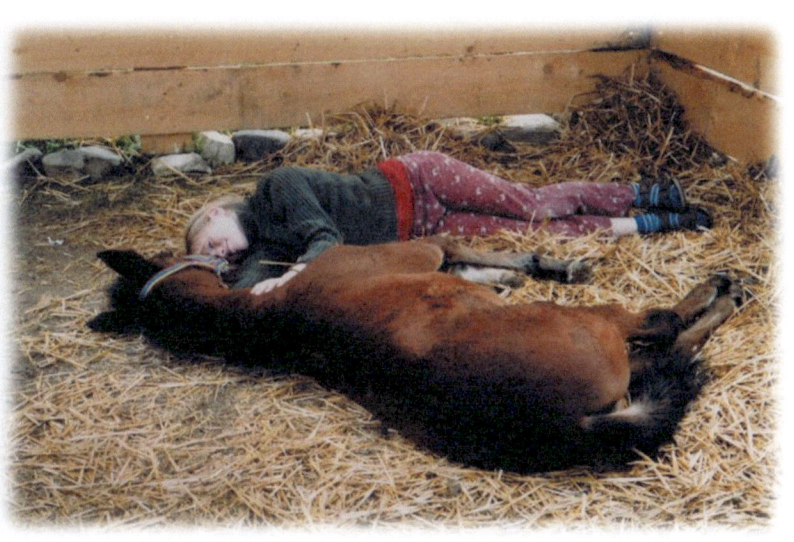

von Hildegard Kiehne

Bibliografische Information der Deutschen Nationalbibliothek: Die Deutsche Nationalbibliothek
verzeichnet diese Publikation in der Deutschen
Nationalbibliografie; detaillierte bibliografische
Daten sind über dnb.d-nb.de abrufbar.

Impressum

Texte & Fotos: © Copyright by Hildegard Kiehne
Satz & Layout: "Sagenhafter Harz", Carsten Kiehne

Veröffentlichung: Januar 2018, 1. Aufl.
ISBN   978-3-746065144

Herstellung & Verlag:
BoD – Books on Demand, Norderstedt

Selbstverlag DAS TIERHAUS
Stecklenberger Str.1, 06502 Neinstedt

Inhaltsverzeichnis

Danksagung

Ein großes Dankeschön an meinen Mann Robert und meine Tochter Katrin. Es war ein Glück dieses Abenteuer mit Ihnen erleben zu dürfen! Danke, danke, meinem Sohn Carsten, der mir zum Weihnachtsfest mit dem fertigen Buch eine Riesenüberraschung bescherte und mich damit zu Tränen rührte! Ein liebevolles Dankeschön an meinen Sohn Jan, der es manchmal nicht so leicht damit hat, unser chaotisches Leben in unserem Tierhaus zu teilen. Ein weiteres liebevolles Dankeschön an meine Schwiegertochter Sabrina, die meinem Sohn Carsten für seine zahllosen Projekte, darunter dieses Buch, den Rücken freihält.

Vielen, vielen Dank meinem Lieblingstierarzt und Freund Jens Siebert, dass er für uns da ist, wenn eines unserer Tiere seine Unterstützung benötigt. Von Herzen danke ich Kirsten Bruchhäuser, die Chefin des Pferdehofes „Maruschka", auf dem ich meine Ausbildung und viele tolle Weiterbildungen absolvierte. Ganz viel, von dem, was ich über Pferde, ihr Verhalten und dem respektvollen aber klaren Umgang mit ihnen weiß, habe ich Ihr zu verdanken!

Vorwort

Ich war acht Jahre alt und ich war in den Ferien bei meiner geliebten Oma Ida im Harz. - Ich war immer in den Ferien dort, denn in Bad Suderode zu sein, bedeutete für mich den Himmel auf Erden. Außer meiner Oma wohnten dort noch Tante Uta und Onkel Heinz. Sie hatten vier Kinder und ich bin ihnen überaus dankbar, dass ich sie, immer wenn Ferien waren, besuchen durfte.

An jedem ersten Ferientag weinte ich vor Glück, wieder dort sein zu dürfen. An jedem letzten Ferientag weinte ich vor Kummer, wieder in die Stadt zurück zu müssen. Es war einfach ein Spielparadies für Kinder: Ein riesiger Garten mit Kletterbäumen und Schwimmbassin, gleich vor der Haustür, Felder und Wälder und das Größte für mich: Es gab viele Tiere - Katzen, Hühner, einen Hund. Aber das Allertollste war für mich: Es gab Ponys!

Im Betrieb meines Onkels, er führte in Bad Suderode eine Polsterei, gab es immer viel zu tun und jede Hand wurde gebraucht.

Aber wenn die Arbeit erledigt war, fand man mich im Pferdestall und auf der Koppel und ich durfte die Ponys nach Herzenslust streicheln, putzen, knuddeln und reiten.

An einem dieser Ferientage regnete es in Strömen. Ich saß bei meiner Oma am Tisch und hatte lange Weile. „Oma, was könnte ich nur machen?" - Meine Oma hatte eine Idee, die richtungs-weisend für mein weiteres Leben sein sollte: „Mal doch mal ein Bild! Male mal, wie es dort aussehen soll, wo Du wohnst, wenn Du groß bist!"
Und ich malte. Ich malte ein Haus, drum herum einen großen Garten. Dort gab es Bäume, eine Katze, einen Hund und – natürlich Pferde!
Das ist jetzt 40 Jahre her. Jetzt habe ich selbst drei Kinder. Sie sind schon groß. Genau wie in den Träumen meiner Kindheit, wohne ich im Harz. Wir wohnen in einem Haus, drum herum ein großer Garten mit vielen Bäumen.

Mit uns wohnen 2 Katzen, 1 Hund, 2 Minischweine, 4 Hühner, 3 Waschbären und 6 Pferde. Sie alle sind Familienmitglieder und gleichzeitig meine Arbeitskollegen. Ich habe das Glück, meinen Traumberuf ausüben zu dürfen, arbeite mit Kindern und meinen Tieren.

Vorausschicken möchte ich für die Leute, die beim Lesen meiner Geschichte die Hände über dem Kopf zusammenschlagen und voller Mitgefühl rufen: „Das arme Pferd…, wie kann man nur…“, dass unser „Pferd auf dem Flur“ zu dem Zeitpunkt, als ich diese Geschichte zum ersten Mal erzählte, inzwischen in einem Offenstall mit Auslauf und im Sommer auf einer Koppel lebt und voll in die Herde integriert ist.

Notruf

Es ist nicht so, dass wir nicht genug Tiere hätten, auch über zu wenig Arbeit können wir nicht klagen. Es ist nur so, dass meine zwölfjährige Tochter Katrin und ich so in gewissen Abständen, unbändige Sehnsucht verspüren, Pflegemuttis für verwaiste Tierbabys zu spielen. Und da wir unseren Pferden, Hunden, Katzen und Minischweinen das Kinderkriegen untersagt haben, weil die Tierheime schon voll genug sind, haben wir in den vergangenen Jahren aus dem hiesigen Tierheim schon etliche Hunde- und Katzenwelpen „adoptiert".

Vor genau zwei Jahren sagten wir unserem Freund und erklärtem Lieblingstierarzt, Dr. Jens Siebert, dass wir auch gerne mal versuchen würden, ein Pferdekind aufzuziehen. Schon wenige Tage später klingelte das Telefon und Jens sagte: „Ich habe da was für Euch!"

In einem Gestüt, in welchem Englische Vollblutpferde für den Einsatz auf Galopprennbahnen gezüchtet werden, war ein Fohlen zur Welt gekommen, welches aufgrund einer Zwillingsgeburt so winzig war, dass es weder alleine stehen, noch bei der Mutter trinken konnte. Anscheinend hatte es aber einen riesengroßen Lebenswillen, denn obwohl es nur mal sporadisch, wenn gerade mal Zeit war, eine Flasche bekommen hatte, dachte es nicht daran, zu sterben.

Kurz entschlossen wurde der Zwerg in eine Decke gewickelt und auf die Rückbank meines kleinen Lada Niva gelegt. Damit begann unser „Abenteuer des Jahres"!

Ein neues Familienmitglied

Der erste Weg führte in Jens' Praxis, wo dem Winzling die verbogenen Vorderbeine bandagiert wurden und ich ihm zum ersten Mal eine Nuckelflasche mit Fohlenmilch gab, die er gierig trank.

Mein Freund Robert war an diesem Tag unterwegs. Ich rief ihn, atemlos vor Spannung auf seine Reaktion an und sagte bloß: „Du, wir haben ein neues Pflegekind!" - Er fragte: „Na, was ist es denn diesmal? Hund oder Katze?". „Nein, ein Pferd!", gab ich zur Antwort.

„???" – Schweigen am anderen Ende der Leitung!

Als er nach Hause kam, den Flur betrat und das winzige, knochige Etwas, welches warm in Stroh und Decken verpackt, ihm neugierig und gar nicht ängstlich entgegen sah, zum ersten Mal anschaute, war es um ihn geschehen!

Auch meine Tochter Katrin war absolut begeistert und bekam ab sofort oft Besuch von ihren Freundinnen, die allesamt große Pferdefans waren. Der erste Kommentar war jedes Mal: „Ooooh, ist das süüüüüß!"

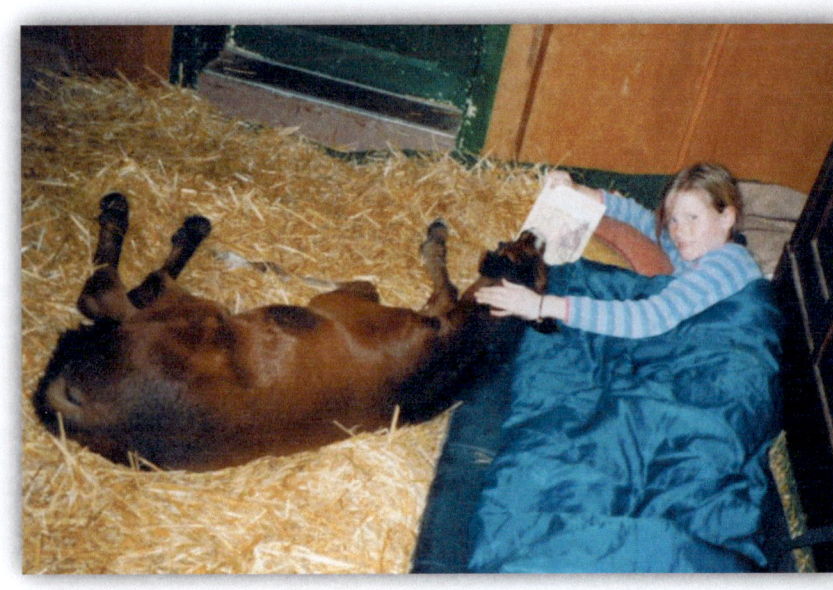

Noch war uns an diesem Tag, an dem das Fohlen bei uns Einzug hielt, nicht klar, was da auf uns zu kommt!

Es steht ein Pferd auf dem Flur

Da wir Offenställe haben und es Anfang Februar grimmig kalt war, räumten wir kurzerhand unseren Hausflur aus, legten ein Stück alten Kunstrasen auf den rutschigen Boden, kippten eine Ladung Stroh darauf und bauten Grenzen aus Camping-Isomatten.

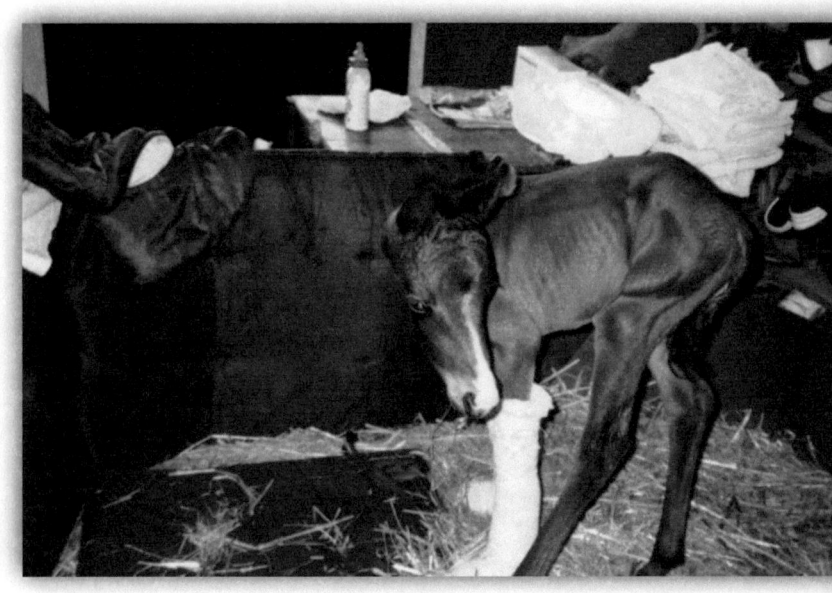

Auf unsere Frage an Jens, in welchen Abständen das „Baby" die Flasche braucht, sagte er nur: „Nach Bedarf!"

Sechs lange Wochen hieß „nach Bedarf" stündlich eine Nuckelflasche voller kostbarer und vor allem kostenintensiver Fohlenmilch anzurühren, zu füttern, hinterher abzuwaschen und auszukochen!

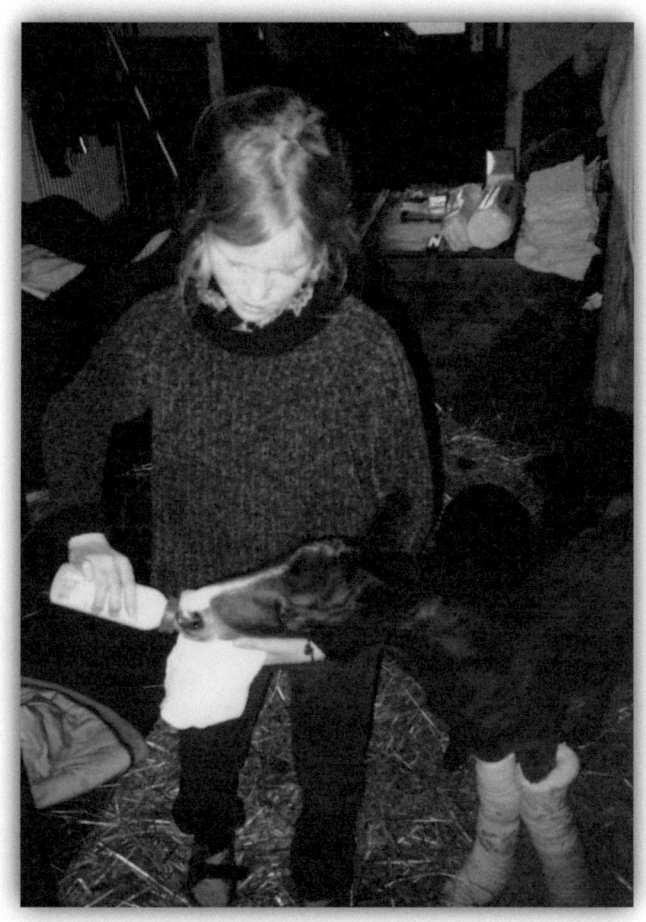

Mein Glück war, dass die ganze Familie bereit war, „Schichten" zu übernehmen und sich an der vielen Arbeit zu beteiligen! Diese Wahnsinns-Aufgabe wäre für mich allein nicht zu bewältigen gewesen! Sechs Wochen schliefen wir ab sofort getrennt!

Robert übernahm nachts die erste Schicht bis 2.30 Uhr, dann tauschte ich bis morgens mein warmes Bett mit einer Isomatte und zwei Schlafsäcken im kalten Flur! Schon nach kurzer Zeit waren wir mehr als einmal am Ende unserer Kraft!

Bange Stunden durchlitten wir, wenn unser Schützling wegen Bauchschmerzen und Durchfall die Nahrung mal nur tröpfchenweise zu sich nahm! Dann legten wir ihr eine Wärmflasche an den Bauch und wickelten sie in warme Decken! Glücklicherweise stand uns Jens während dieser harten, aber auch schönen Zeit, mit Rat und Tat zur Seite!

Anfangs wog der kleine Pferdezwerg nur 30 Kilogramm. In dieser Zeit sagte meine kleine freche Tochter Katrin zu meinem Freund Robert: „Jetzt wiegt der Robert doch wirklich mehr als doppelt so viel wie ein Pferd!"

Nach kurzer Zeit lernte das Fohlen, die Türklinke mit der Nase herunter zu drücken! Saß die Familie am Frühstückstisch, sah es auch nicht mehr ein, im Flur so allein herum zu stehen!

Sachte, sachte und wie von Gespensterhand, ging die Türklinke nach unten, ein allerliebster kleiner Fohlenkopf mit kurzer Strubbelmähne und großen Kulleraugen schaute um die Ecke …

… und vier winzige Hüfchen auf staksigen, langen Beinen kamen leise und vorsichtig in die Küche geklappert und machten erst am Frühstückstisch halt!

Als das Fohlen älter wurde, versäumte es bei seinen Besuchen nie, auch die auf dem Herd herumstehenden Töpfe und Pfannen zu inspizieren und manchmal nicht gerade pferdegerechte Sachen, wie Reis, Nudeln, auch mal Fischstäbchen zu kosten!

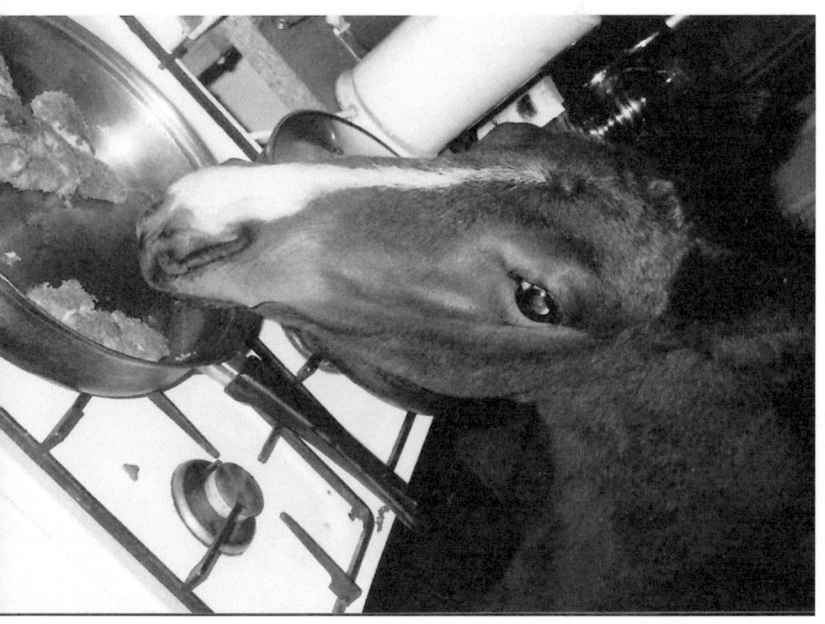

Da Raja sich wie jedes Kind zunächst am Modell seiner Familie orientierte, wollte sie nur das essen, was auch wir aßen. Um sie an den Geschmack von Heu zu gewöhnen, teilten sich Robert und Raja konsequenterweise nach einer gemeinsamen Portion Kartoffeln mit Mischgemüse einen Nachschlag aus Heu.

Ehrlicherweise muss gesagt werden, dass Robert sich einen kleinen Betrug erlaubte und sich das Heu statt in den Mund in den Hemdausschnitt stopfte.

Binnen kurzer Zeit lernte unser kleiner Nimmersatt diese Ergänzung zur Fohlenmich zu schätzen.

Das große Kennenlernen

Am Anfang – also in der finsteren und kalten Jahreszeit – kannte unser Fohlen nur den dunklen, engen Flur. Hier war es trotzdem niemals allein, denn Hunde und Katzen lugten zuerst oft neugierig hinein, auch wenn sie es sich noch nicht wagten, mit diesem seltsamen Wesen Kontakt aufzunehmen. Nach einigen Tagen aber wagten sich die Miezen in seine Nähe, sprangen verspielt heran und rasch wieder weg und fanden bald darauf – mit noch etwas mehr Zutrauen – ein großes Gefallen daran, sich an das junge Pferd anzuschmiegen.

Aus dem Flur trug Robert es so oft, wie möglich an die frische Luft, um ihm zu zeigen, wie schön die Welt draußen ist und damit es die Sonnenstrahlen auf seinem Fell spüren kann. Sicher würde das helfen, den Lebenswillen des kleinen zerbrechlichen Geschöpfes zu stärken.

Ging es unserem empfindsamen Zwerg gut und war das Wetter einigermaßen ansprechend, brachten wir es an den Zaun des Auslaufs. Hier konnte es die anderen Tiere kennenlernen!

Diese zeigten auch ein außerordentlich großes Interesse an dem kleinen Gast und drängten sich gegenseitig vom Zaun weg, um den winzig kleinen Neuankömmling beschnuppern und begrüßen zu können!

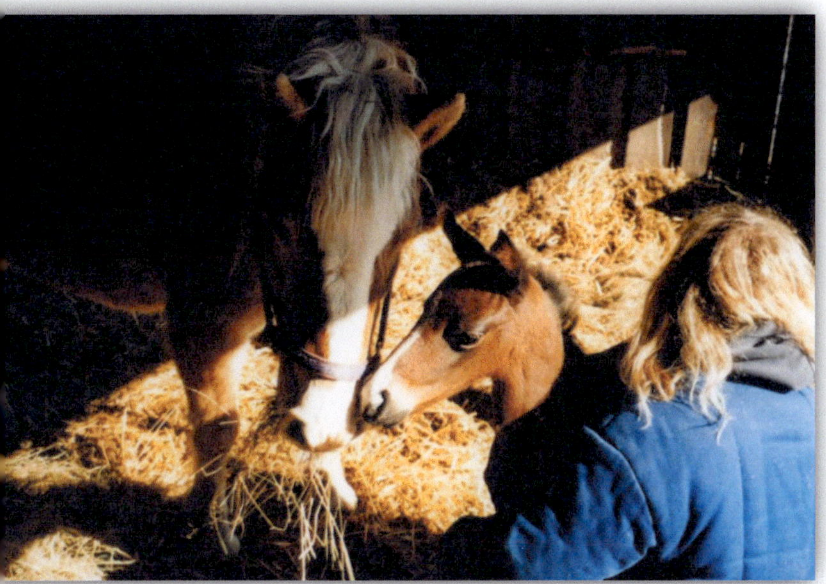

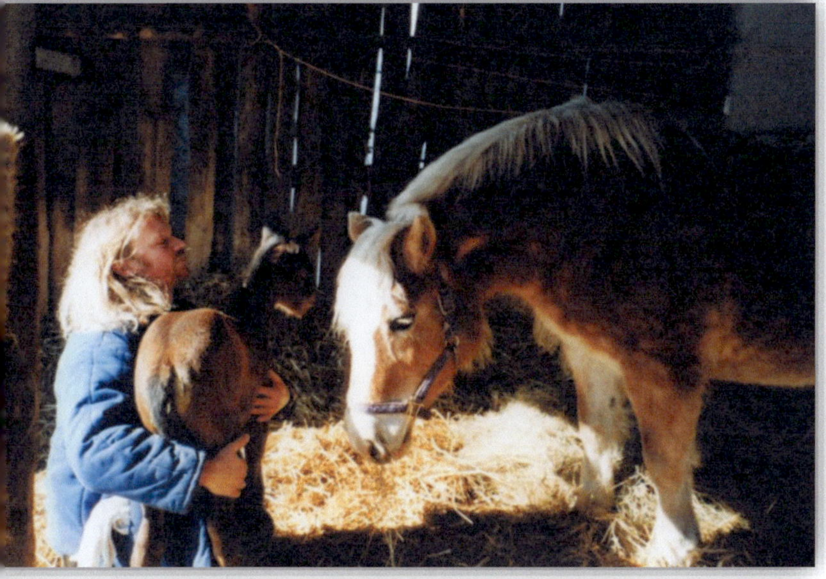

Der erste Spaziergang

Nach den ersten bangen Wochen, an einem der ersten warmen, sonnigen Vorfrühlingstage, nahmen wir unseren Schützling zum ersten Mal auf einen kleinen Spaziergang mit! Die ganze Familie nahm ihn in die Mitte und so ging es über die zum Glück gerade leere Dorfstraße auf eine kleine Wiese, wo wir das Fohlen frei ließen!

Übermütig lief das kleine Pferdemädchen los, versuchte seinen ersten Galopp und drehte voller Freude und mit übermütigen, lustigen Sprüngen, immer Runden um uns herum!
Wir drei standen da, beobachteten dieses geballte Bündel Lebensfreude und hatten Tränen in den Augen! Zum ersten Mal hatten wir das Gefühl: „Jetzt ist sie über'n Berg!"

Von nun an unternahmen wir mit unserem Pferdekind regelmäßig Ausflüge in die nähere Umgebung in unserem schönen Vorharz!

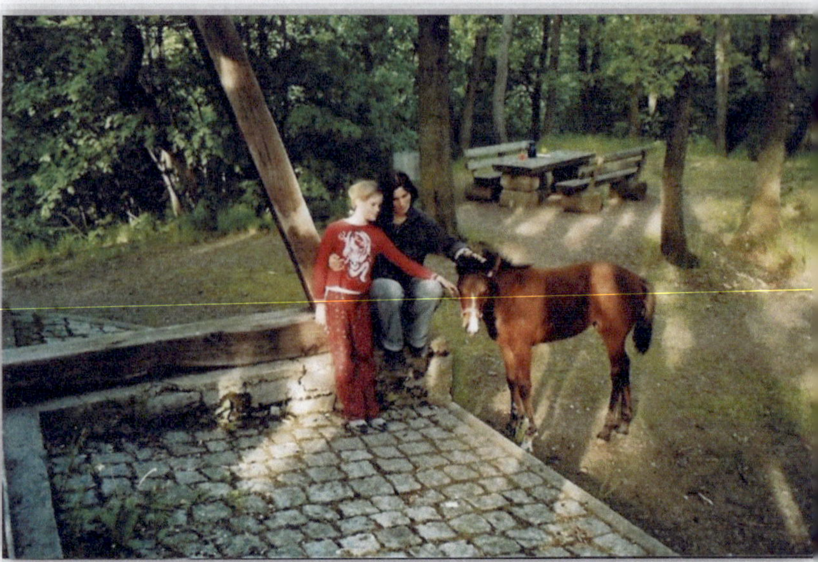

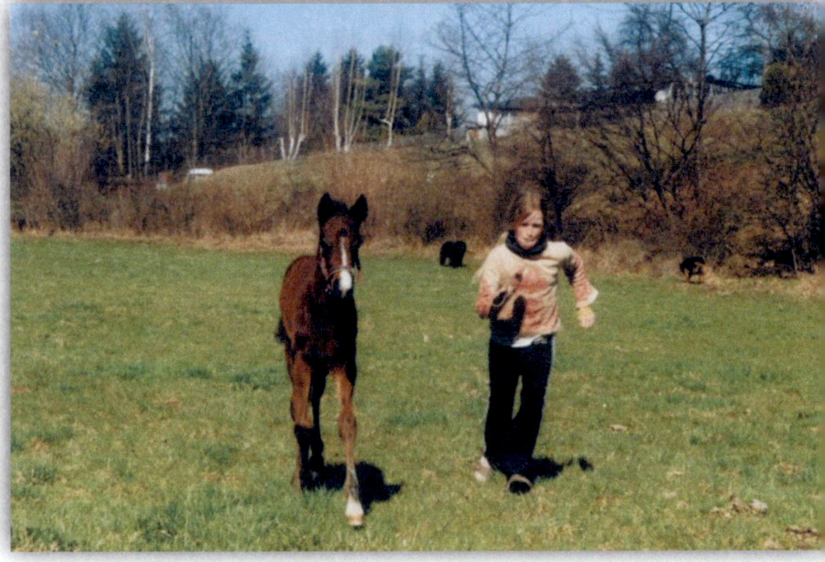

Bettgeschichten

Da die Temperatur nachts noch häufig unter den Gefrierpunkt sank, schlief die Kleine auch im Frühling noch einige Wochen im Flur! Allerdings musste sie des Nachts dabei bald auf unsere Gesellschaft verzichten und das kam so:

Wollte sie nachts ihre Flasche, hievten wir uns schlaftrunken aus unserem provisorischen, klammen Lager, wankten ins Bad, in dem auf der Waschmaschine der Behälter mit Fohlenmilch und Nuckelfläschchen standen. Während wir die Milch zubereiteten, stand sie im Bad dicht hinter uns und sorgte immer mal mit einem sanften Stups ihrer weichen Nase dafür, dass wir uns kurzzeitig am Waschbeckenrand festhalten mussten, um nicht die teure Milch zu verschütten.

Hatte sie dann gierig ausgetrunken, marschierte sie schnurstracks und mit eiligen Schritten in ihr Schlafgemach (während wir die Flasche auswuschen). Dort legte sie sich umgehend ins Bett, leider nicht in ihr Strohbett, nein, unsere Isomatte samt Schlafsack erschienen ihr angemessener.

Mit zunehmendem Gewicht wurde es immer schwieriger, sie von unserem Bett in ihres zu befördern. Ich muss auch zugeben, dass meine Angst wuchs, irgendwann beim Kuscheln mal einen kleinen Huf ins Gesicht zu bekommen. Während ich schlief, machten es sich Robert und Raja zur Angewohnheit, einen allnächtlichen Wettlauf um den Premiumplatz auf der Isomatte zu veranstalten.

In einer Nacht, als Robert das Rennen gewann, sah Raja aber nicht ein, dass sie auf den begehrten Platz verzichten sollte und ließ sich auf Robert fallen. Unter Atemnot entschied dieser, sich fortan außerhalb Rajas Reichweite zu betten.

So zogen wir dann wieder in unser Schlafzimmer um. Wachte sie nachts auf, spazierte sie durch die dunkle Wohnung bis vor die Treppe, die zu unserem Reich führt, und machte sich dort bemerkbar, bis wir aufstanden und sie fütterten. Vielleicht sollte ich fairerweise erwähnen, um den „allzu euphorischen Leser" zu desillusionieren, dass das Bemerkbarmachen auch ab und zu im Abziehen von Tapetenstreifen bestand.

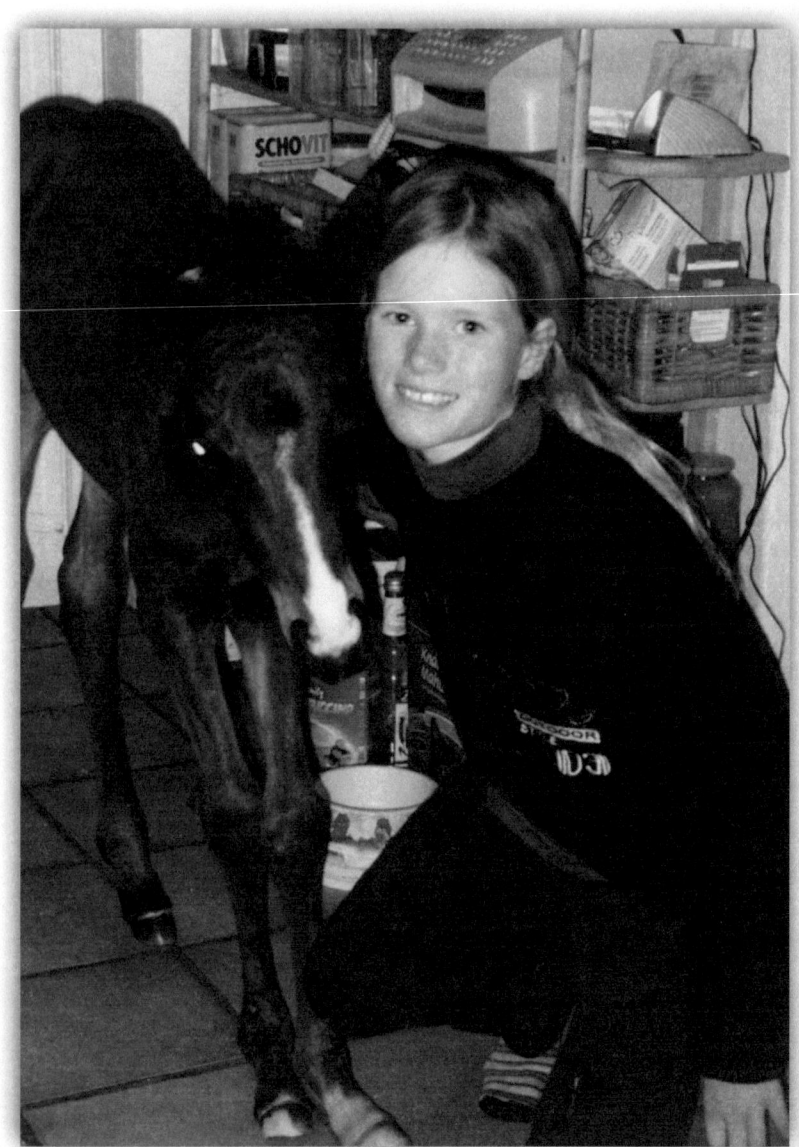

Kinderstreiche

Aus dieser Zeit gibt es auch andere lustige Begebenheiten zu erzählen: Eines Abends stand ich unter der Dusche, als sich ganz leise die Tür des Badezimmers öffnete. Durch die Milchglaswand der Duschkabine sah ich nur einen Schatten. Ich hörte ein leises Schlürfen und musste, nachdem ich mich abgetrocknet hatte und einen Schluck aus der Teetasse nehmen wollte, feststellen, dass diese schon leer war!

Ein anderes Mal kamen wir ins Wohnzimmer und fanden das Fohlen dort, mit den Vorderhufen auf dem Sofa stehend und mit dem Kopf aus dem Fenster auf die Dorfstraße schauend, vor.

Sie, lieber Leser können sich vielleicht die verwunderten bis bestürzten Blicke der vorbeigehenden Neinstedter Einwohner vorstellen!

Tagsüber hatten wir viele fleißige Helfer! Nicht nur meine Tochter Katrin, sondern auch unsere Reitkinder der Schule, an der ich als Heilpädagogische Reittherapeutin arbeite, hielten begeistert die Nuckelflasche, streichelten, knuddelten und massierten das Pferdekind. Sie halfen, das weiche Fohlenfell zu bürsten und die Strubbelmähne zu kämmen.

Nach längeren Diskussionen im Familienrat und eingehendem Studium mehrerer Vornamensbücher stand der Name für unsere Kleine fest: Raja.

Rajas Schulzeit beginnt

Als wir merkten, dass Raja in Schreck-situationen recht panisch reagierte (wogegen unsere Haflinger, wenn sie mal erschrecken, bloß mal kurz zusammenzucken, und sich dann umschauen, wo das „Monster" denn herkommt), fingen wir gemeinsam mit unseren Reitkindern an, diverse Scheu-Übungen mit Raja zu machen.

Das heißt, wir gewöhnten sie mit viel Liebe, Geduld und Zeit an Dinge, die Pferden Angst machen. Nach kurzer Zeit ließ sie sich in Folie einwickeln, ging über die Pferdewippe, durch den Straßenverkehr, durchs Wasser und guckte sich Dinge, die laute und komische Geräusche machen, erst mal aus der Nähe an, um dann festzustellen, dass es sich doch nicht lohnt, davor zu flüchten.

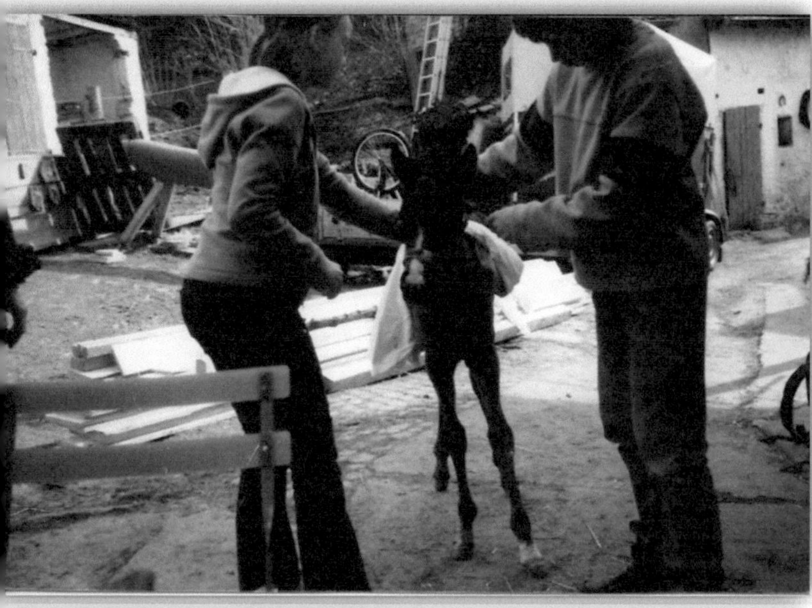

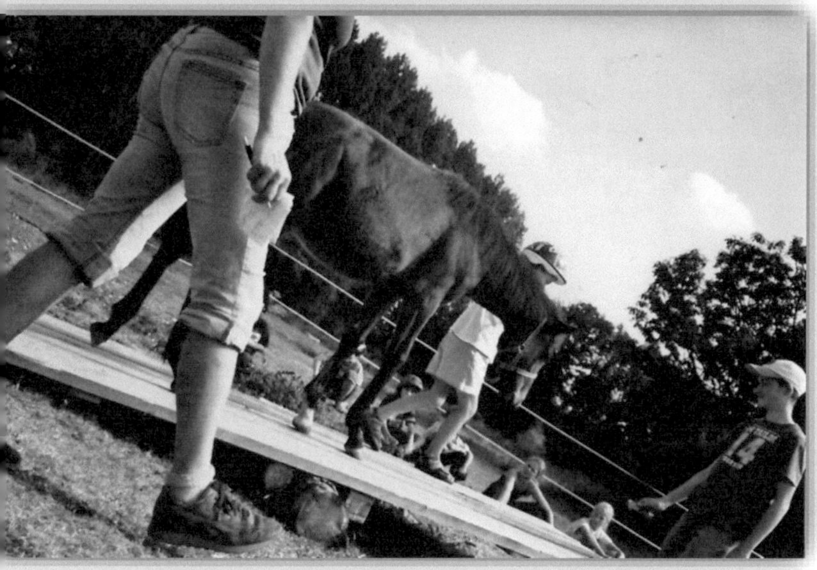

Täglich besuchen wir mit ihr auf dem Hof die anderen Pferde. Schließlich planten wir, sie in absehbarer Zeit in die Herde zu integrieren. Vorerst jedoch machten Raja ihre Artgenossen noch mächtig Angst und sie zog die Gesellschaft ihrer menschlichen Familie vor.

Da unsere Pferde das Sommerhalbjahr ausschließlich auf der Koppel verbringen, findet die heilpädagogische Reittherapie für die Schüler unserer Schule im Sommer ausschließlich auf unserer Koppel statt.

So fuhr unsere kleine Raja mit mir täglich auf die Koppel, wo wir sie an das Zusammensein mit unseren anderen Pferden gewöhnten.
Diese nahmen sie zu unserem Erstaunen allesamt freundlich in die Herde auf. Wurde sie doch einmal gezwickt, blieb sie still stehen und schaute ihr Gegenüber verblüfft an, ohne eine Unterordnungsgeste zu zeigen.
Obwohl gerade die Leitstute Cora bei den anderen Herdenmitgliedern sehr ungehalten war, wenn sich einer ihrem Futter näherte, durfte das Fohlen von Anfang an, mit aus ihrem Hafereimer fressen. Anscheinend genoss das Fohlen „Welpenschutz", obwohl es nicht innerhalb dieser Herde geboren wurde!

Anfangs blieb sie immer in unserer Nähe, schwierig aber wurde es, wenn wir uns entfernen wollten und sie in ihrer neuen Pferdefamilie zurücklassen wollten. Kläglich schreiend lief sie am Koppelzaun hin und her, bis sie uns wiedersah!

Meist kamen dann einige der anderen Pferde und grasten dann in ihrer Nähe, als ob sie sagen wollten: „Hey, Kleine, bleib mal ganz ruhig, wir sind ja bei Dir!" – Ganz langsam verlängerten wir die Zeit, in der wir nicht bei ihr waren. Doch bis wir sie auch nachts allein bei den anderen Pferden auf der Koppel lassen konnten, verging noch einige Zeit.

Fuhr ich nach der Arbeit wieder nach Hause, nahm ich vorerst also noch sie und eines der anderen Pferde als Babysitter mit, denn die Kleine sollte ja nun langsam begreifen, dass ihr zukünftiger Lebensraum nicht unsere Wohnung, sondern der Offenstall ist.

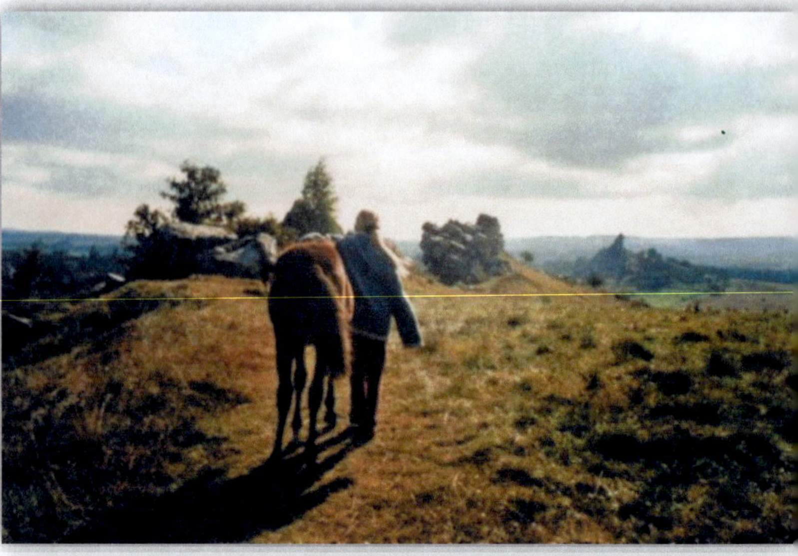

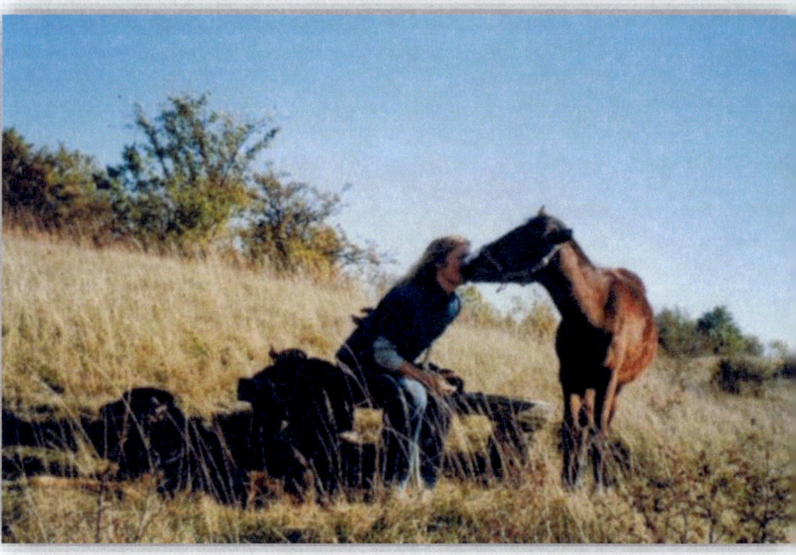

Die Kirchenchorprobe

Im August kamen Jens und seine Freundin Stefanie mit ihren Pferden zu uns. Wir hatten mit anderen Freizeitreitern ein Trail-Wochenende geplant und wollten gemeinsam dafür üben.

Da unsere Pferde sich durch gemeinsame Wanderritte kannten, ließen wir die beiden Besucherpferde gemeinsam mit unseren Pferden auf unserer Koppel laufen.
Jens´ Pferd Geronymo fand das neue Herdenmitglied sehr spannend und trabte zu ihr, um sie zu begrüßen. Raja aber erschrak fürchterlich und raste davon. „Oh neeeein!"

Entsetzt mussten wir zusehen, wie die wilde Jagd erst quer über die Koppel, dann durch den Koppelzaun und Richtung Hauptstraße ging! Da Pferde Herdentiere sind und es vorziehen, wenn sich schon mal die Gelegenheit bietet, dann schon gemeinsam auf „Wanderschaft" zu gehen, rasten nun acht Pferde in wildem Galopp auf Neinstedt zu und auf der viel befahrenen Hauptstraße durch den Ort hindurch!

Am Ende des Ortes befinden sich die Neinstedter Anstalten, in denen geistig behinderte Menschen betreut werden. Dort raste Raja mit ihrem Gefolge in eine große Einfahrt hinein. Während sieben Pferde auf einer saftigen Wiese zum Halten kamen, nahm Raja schnurstracks Kurs auf ein altes, ehrwürdiges Gebäude, in dem sich die Aula der Anstalt befindet!

Dort hielten zur selben Zeit einige ebenso alte und ehrwürdige Damen des Ortes ihre allwöchentliche Probe des Kirchenchores ab. Raja raste die Treppe hoch, denn nur die Nähe von Menschen und das Innere eines Hauses bedeuteten für sie Sicherheit. Sie platzte mitten in die Chorprobe hinein und der werte Leser mag es sich bildlich vorstellen, ebenso schnell wie Raja im Haus verschwunden war, verließen die Damen es in umgekehrter Richtung!

Nun standen wir vor einem Problem: sollten wir es wagen, sie die steile Steintreppe wieder hinunter zu führen? Kurzentschlossen stieg Robert mit Raja in den Fahrstuhl des Gebäudes.

Froh, dass jemand aus ihrer „Familie" wieder bei ihr war, folgte sie ihm, ohne zu zögern, in den Aufzug und protestierte auch nicht, als dieser sich in Bewegung setzte.

Einige Monate später hatte Raja nochmals die Gelegenheit, die „Fahrstuhlübung" zu wiederholen:

Kurz vor Silvester waren wir spätabends mit Raja und unseren drei Hunden unterwegs auf unserer „Abendrunde".

Doch plötzlich krachte in unserer Nähe ein Böller und unsere frei mitlaufenden, „mutigen" Hunde verabschiedeten sich gleichzeitig! Zwei der Hunde flitzten nach Hause, Roberts Hund Igor aber nahm Kurs auf Roberts Arbeitsstätte, ein Wohnheim der Neinstedter Anstalten.

Umgehend nahm Robert mit Raja die Verfolgung auf! Leider wartete Igor nicht vor dem Gebäude, sondern im dritten Stock, in der Wohngruppe, in der Robert als Heilerziehungspfleger arbeitet! So kam Raja zum zweiten Mal in den Genuss einer Fahrstuhlfahrt!

Die jungen Männer und Frauen auf der Wohngruppe hatten sich gerade bettfertig gemacht, als sich die Flurtür öffnete …

… und ein neugieriges kleines Pferdegesicht um die Ecke lugte!

Als Robert mit Raja die Wohnung betrat, blieben alle in ihren Schlafanzügen stocksteif mit vor Überraschung weit aufgerissenen Augen und Mündern stehen!
Keiner sagte auch nur ein Wort, aber ganz langsam verzogen sich die Münder zu einem breiten Grinsen von einem Ohr zum anderen…!

Urlaub im Pferdehänger

Im Sommer planten wir unseren diesjährigen Familienurlaub. Weil unser Schützling noch ein sehr anhängliches Flaschenkind und sein Pflegeaufwand nach wie vor beträchtlich war, wurde uns schnell klar: Raja muss mit!

Robert kam auf die geniale Idee, in den Pferdehänger flexibel herausnehmbare Hochbetten einzubauen. Ein fest verschraubbarer Schrank, Wasserkanister, Lampen mit Akku und eine Kochgelegenheit vervollständigten unser Wohnmobil.

An einem schönen Sommertag brachen wir mit meiner Tochter Katrin, dem Fohlen und drei Hunden in einen einmalig schönen Urlaub auf. Jeden Tag schlugen wir unser Quartier an einer anderen idyllischen Stelle auf. Wir kampierten im wunderschönen Harzwald, und an diversen ehemaligen Kiesgruben der näheren Umgebung, aus welchen im Laufe der Zeit landschaftlich herrliche Badeseen geworden sind. Wo auch immer wir unser Lager aufschlugen, begegneten wir kaum einem Menschen und waren umgeben von wunderschöner Natur.

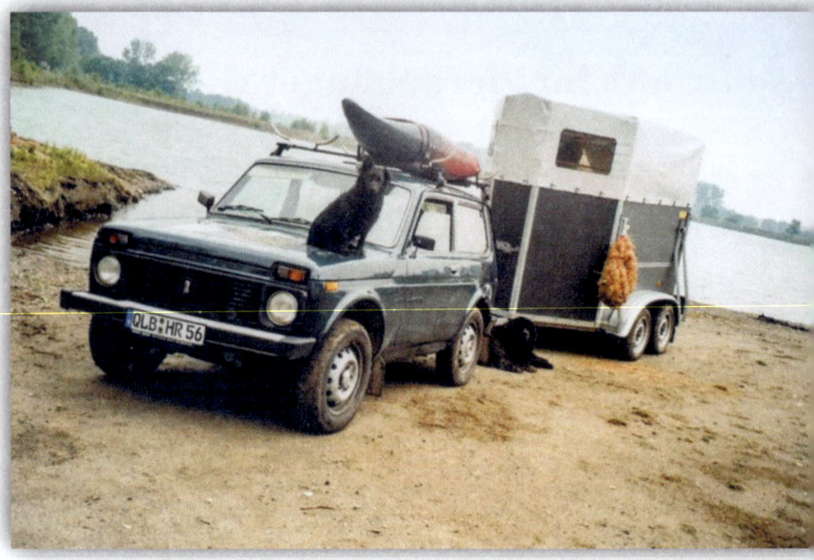
QLB HR 56

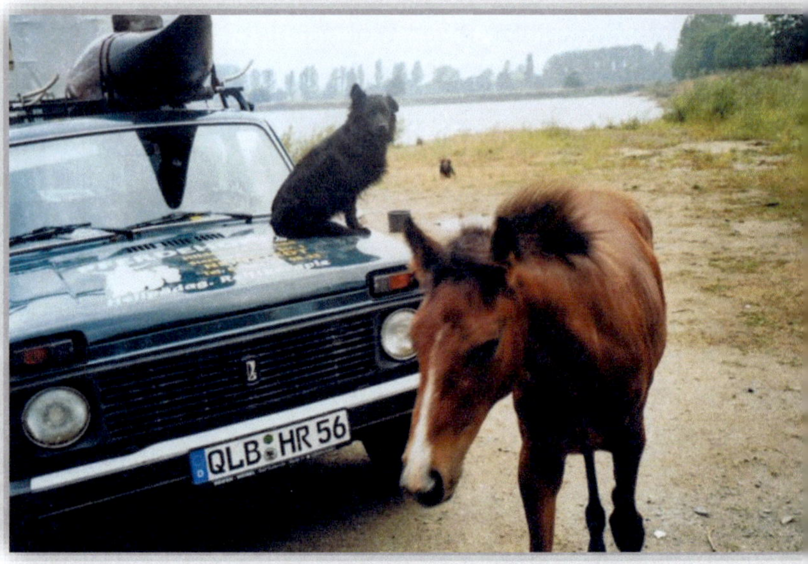
QLB HR 56

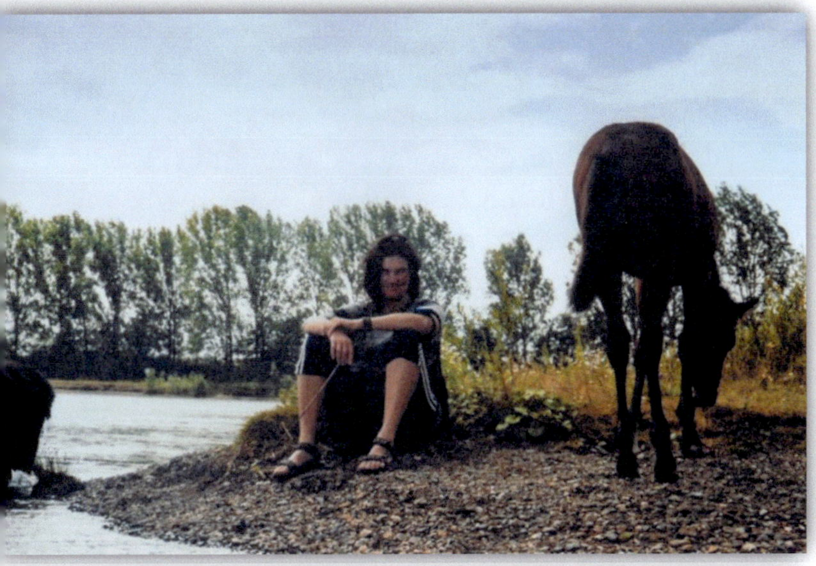

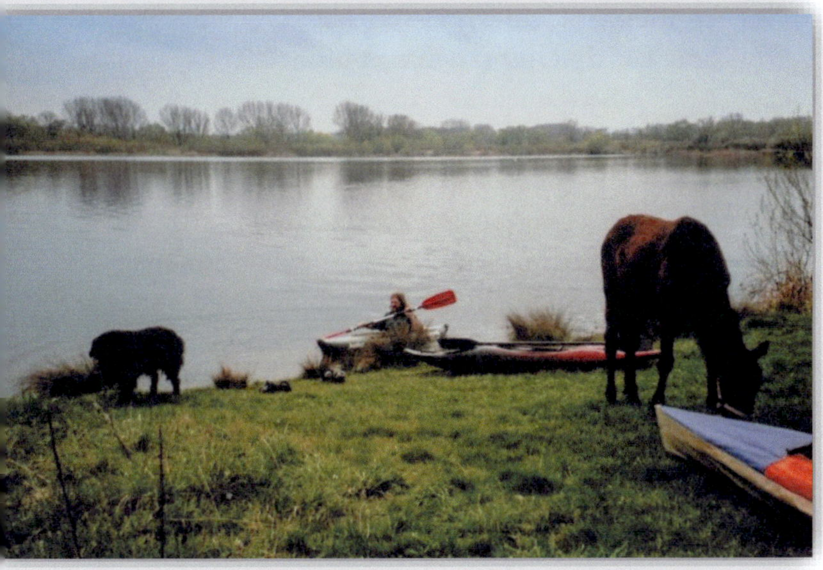

Wollten wir weiterfahren, klappten wir die Hochbetten im Pferdehänger auf eine Seite, so dass Raja auf der freien Seite und die Hunde unter den Hochbetten fuhren. Kamen wir am nächsten Ziel an, stiegen die Tiere aus und der Hänger wurde zum Wohnmobil umgerüstet.

Weil Raja immer in unserer Nähe blieb, brauchten wir keinen Paddock zu bauen. Wir hängten nur ein Heunetz außen an den Anhänger, Gras gab es überall im Überfluss. Die Fohlenmilch, mit Seewasser angerührt, schmeckte Raja hervorragend.
Wenn wir wanderten, war sie auch ohne Strick und Halfter immer mit von der Partie, (wobei wir natürlich im Rucksack Halfter und Anbindestrick immer bei uns führten).

Ich muss sagen: Dieser Urlaub war einer unserer Schönsten! Auch für meine Tochter Katrin, die nach den Ferien in ihrer Klasse den Auftrag bekam, einen Aufsatz zum Thema „Mein schönster Auslandsurlaub" zu schreiben. Da wir gerade mal 20 km von zuhause weg waren, kann man zwar nicht von „Ausland" reden, aber dennoch wurde sie von allen Mitschülern um jene „außergewöhnliche" Reise beneidet.

Teenager Raja

Nach zwei Jahren war Raja zu einem 1,50 Meter großen, unternehmungslustigen und manchmal recht übermütigem Teenager herangewachsen.

Auf der Suche nach einer Beschäftigung, die sowohl Raja als auch uns Spaß macht, kamen wir auf die Idee, mit ihr zu einem Zirkuskurs zu fahren. Weil sie sehr lern- und lauffreudig war, machte sie ihre Sache gut.

Nur die Art, mit der Robert mit Raja arbeitete, erschien dem Kursleiter etwas seltsam: Nach jeweils einigen Runden um die Manege hielten die Beiden kurz inne, trafen sich an einer beliebigen Stelle und küssten sich erst mal kurz, das heißt, Raja nuckelte an Roberts Kinn (ein Überbleibsel aus der Nuckelflaschenzeit). Danach arbeitete sie willig und freudig weiter.

Der Kursleiter betrachtete diese Szene kopfschüttelnd. Da ich in seiner Nähe stand, konnte ich hören, wie er in seinen Bart brummelte: „So ein Papiertiger!" (Womit er Robert meinte!) Daraufhin wollte er Robert demonstrieren, wie es „richtig" geht.

Peitsche schwingend ging er auf sie zu, worauf ihr Gesichtsausdruck sichtbar sauer wurde und sie sich erst mal vor ihm auf die Hinterbeine stellte, was ihr eine Rückwärts-Strafrunde einbrachte!

Mit diesem Zirkuslehrgang hatten wir eine interessante Möglichkeit gefunden, Raja zu beschäftigen. Sie lernte einige kleine Zirkuslektionen, die sie immer mit Freude vorführte.
Danach stellte sie sich oft auf der Koppel, auch wenn anscheinend keiner zusah, aufs Podest oder kletterte auf die Pferdewippe und wippte ein bisschen hin und her, womit sie sich schon manche Lacher eingeheimst hat.

In diesem Sommer entwickelte Raja die Fertigkeit, irgendwie festzustellen, ob Strom durch den Elektrozaun der Koppel floss. Auf wundersame Weise schaffte sie es, so durch den vierreihig gespannten Elektrozaun zu steigen, dass dieser völlig unversehrt blieb.

Einige Male erwischten wir sie, als wir morgens auf die Koppel kamen, wie sie auf der Wiese neben der Weide unter den neidischen Blicken der anderen Pferde das saftige, lange Gras fraß.

Anscheinend unternahm sie, wie wir von den Leuten aus der benachbarten Gartenanlage erfuhren, auch einige nächtliche Streifzüge in die nähere Umgebung.

Unter anderem kam uns zu Ohren, dass Raja einmal einen Fahrradfahrer dazu brachte, abzusteigen und seinen Weg ohne sein Fahrrad fortzusetzen. Der Augenzeuge, der uns von dem Vorfall berichtete, hatte das Fahrrad bei seiner morgendlichen Gassirunde mit seinem Hund noch immer im Gras liegen sehen ...!

Bald wird Raja drei Jahre alt und meine mutige Tochter Katrin wird dann, denke ich, ganz langsam beginnen, Raja einzureiten. Diesem Ereignis sehen wir kaum mit Angst und Aufregung entgegen, weil Raja weder Erschrecken noch Unmut zeigt, wenn wir Katrin kurz auf ihren Rücken setzen, oder wenn wir ihr ab und zu schon mal ein Pony-Pad auf den Rücken legen und den Gurt vorsichtig anziehen.

Nachwort

Im Laufe der Jahre haben viele Tiere unsere Familie begleitet.

Und jedes Einzelne, JEDES, ungeachtet seiner Spezies, seines Geschlechts und seines Alters, wurde von uns geliebt und geachtet, einfach deswegen, weil jedes Tier eine Persönlichkeit ist, die liebenswert und achtenswert ist.

Kein Pferd hat es zum Beispiel verdient, als Sportgerät behandelt und wenn es keine Leistung mehr bringen kann, weil es alt geworden, oder durch unsachgemäße Behandlung vorzeitig verschlissen ist, weggeworfen, d.h. zum Schlachter abgeschoben zu werden.

Jedes Tier ist ein Lebewesen, genau wie wir, mit einem breiten Spektrum an Gefühlen, genau wie wir und verdient ein würdiges Leben, bis in den Tod.

Mein Traum ist es, dass jeder Pferdehalter VOR der Anschaffung eines Pferdes genau überlegt, ob er ein ganzes Pferdeleben lang (etwa 30 Jahre) für dieses Tier da sein kann, ob er es leisten kann, sein Tier seiner „Art gerecht" zu halten (d.h. Offenstall- und Weidehaltung, im Sozialverband mit mindestens zwei Tieren) und dass jedes Pferd mit der Liebe, Respekt, Geduld und Verständnis behandelt und ausbildet wird, die dieses stolze, soziale und freiheitsliebende Tier verdient.

Neinstedt, im Oktober 2014, Hildegard Kiehne

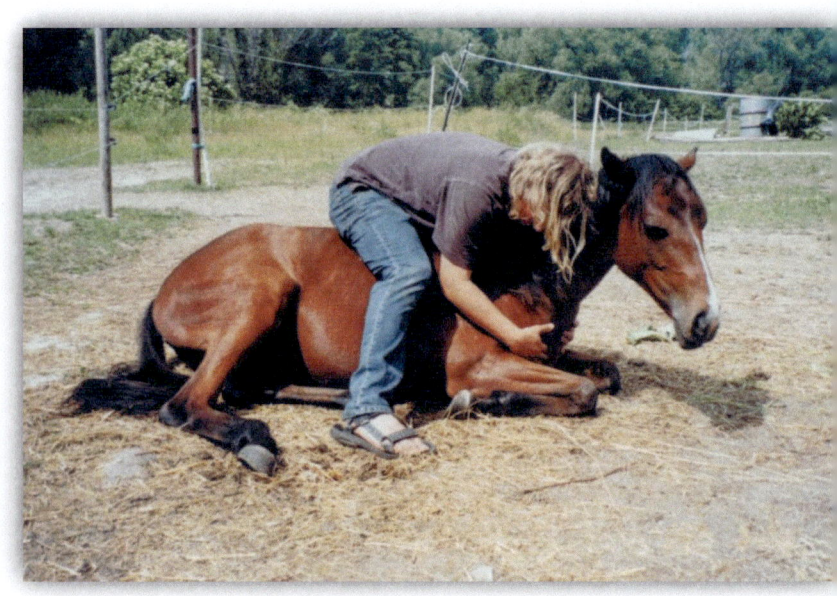

Zur Autorin

Als ich ein kleines Mädchen war, hatte ich einen Traum: wenn ich groß bin, werde ich in einem Haus mit einem großen Garten drumherum leben. Mit mir werden viele Tiere dort leben. Und auf jeden Fall werden Pferde dabei sein...!

Ich wäre das glücklichste kleine Mädchen der Welt gewesen, wenn ich damals gewusst hätte, dass dieser Traum wirklich einmal wahr werden wird. Was ich damals noch nicht wusste:

Die Tiere werden sowohl Familienmitglieder, als auch Lehrmeister und Arbeitskollegen für mich sein, in einer Arbeit, für die ich brenne und die mich begeistert.

Tiere habe ich schon immer geliebt, aber indem ich mit ihnen lebe und arbeite, erkenne ich erst den unschätzbaren Wert, den sie für uns Menschen haben. In ihnen steckt so viel mehr, als wir Menschen in ihnen oft sehen und mich rührt ihr bedingungsloses Vertrauen in uns, dessen wir uns oft so wenig würdig erweisen. Mich rührt auch ihre große Liebe, mit der sie uns umgeben und begleiten. Ich bewundere ihre Sensibilität, mit der sie in unsere Herzen sehen, uns so erkennen und annehmen, wie wir sind, mit all unseren Handicaps, Eigenarten und Befindlichkeiten.

Ich kann nicht anders, als sie mit Liebe und Achtung zu sehen und zu behandeln und ich wünsche mir so sehr, dass auch andere Menschen, die mit ihnen zu tun haben, sie so sehen können, wie ich es gelernt habe, denn das haben sie verdient...!

Eure Hildegard Kiehne

Hildegard Kiehne, geboren 1963 in Quedlinburg, verheiratet, drei erwachsene Kinder - arbeitet seit 2001 als heilpädagogische Reittherapeutin an einer Freien Schule im Harz.

Auszug ihrer Aus- & Weiterbildungen:

➢ Staatlich anerkannte Erzieherin
➢ Zertifikate für heilpädagogische Reittherapie & pädagogische- & therapeutische Mensch- & Tierbegegnung
➢ Schulmediatorin
➢ besuchte Lehrgänge im Bereich Centered-Riding (A. Engberg), Pferdeträume (A. Schörle), Klassisches Freizeitreiten (N. Penquitt), Pferdeausbildung – Pferde-verhalten & Pflege (L. & M. Simon), Feldenkrais & Alexandertechnik, Reiten - T-Touch & Bodenarbeit (nach L. Tellington Jones)
➢ Tierkommunikation & Reiki mit Tieren

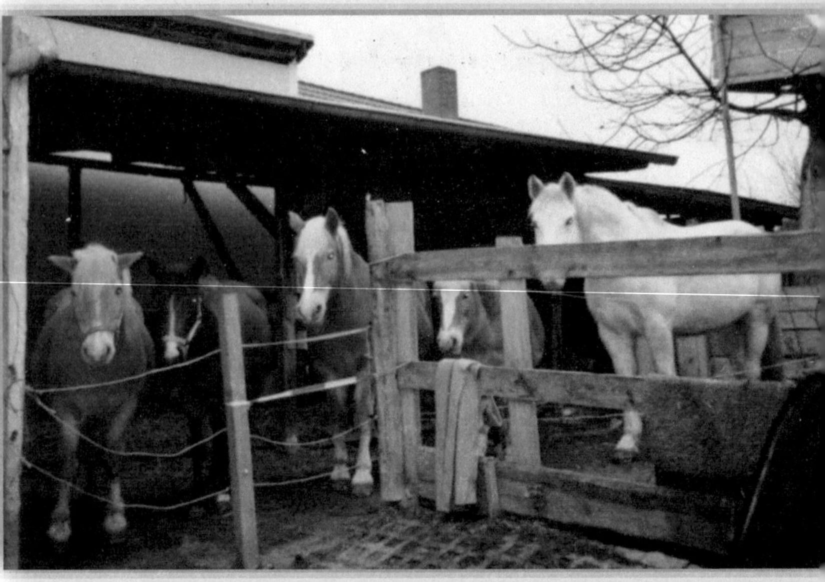

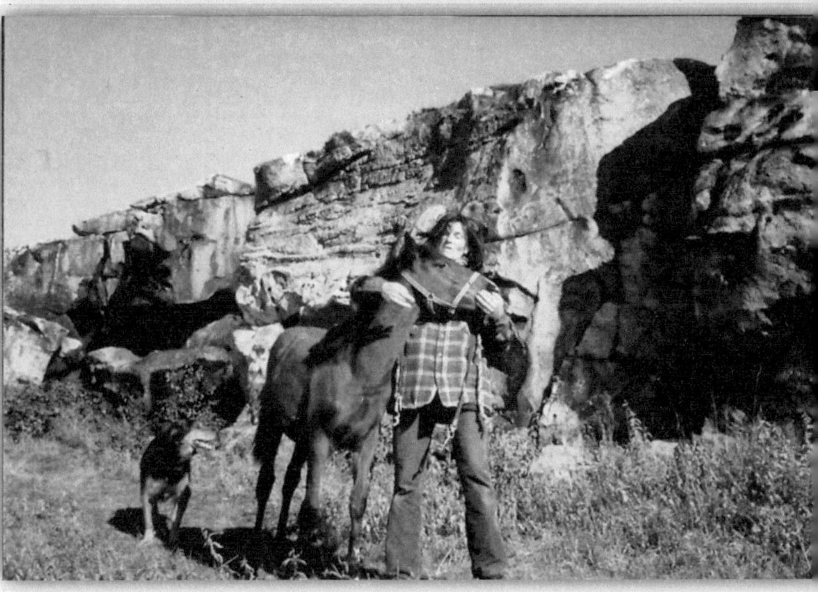